b Das Bilderbuch »mutig, mutig«

INHALTSANGABE (b.1)

In der Geschichte »mutig, mutig« wird von einem scheinbar ganz gewöhnlichen Tag aus dem Leben der vier Freunde Maus, Schnecke, Frosch und Spatz erzählt. Sie treffen sich am Ufer des Weihers und wissen nicht so recht, was sie mit sich anfangen sollen. In solchen Situationen entstehen ja bekanntlich manchmal die verrücktesten Ideen. Und so ist es auch in dieser Geschichte. Der Frosch schlägt einen Wettbewerb vor, bei dem jeder zeigen soll, wie mutig er ist. Die Freunde sind begeistert und überlegen nun, was sie Mutiges machen können. Die Maus macht den Anfang und entscheidet sich dazu, einmal quer durch den Weiher und wieder zurück zu tauchen. Der Frosch, der sonst Mücken und kleine Fliegen frisst, schlägt vor, eine große Seerose zu fressen, und würgt sie mit Stumpf und Stiel herunter. Als Nächstes schlägt die Schnecke ihre Mutprobe vor. Sie will aus ihrem Schneckenhaus kommen, einmal um ihr Haus kriechen und es dann wieder »anziehen«. Auch das gelingt. Doch ganz ohne Streitereien geht der Wettkampf nicht vonstatten, denn der Frosch beschwert sich, dass Tauchen nichts mit Mut zu hat, die Schnecke findet es nicht sehr mutig, wenn jemand Grünzeug frisst, und der Spatz sagt zur Schnecke, dass er seine Eierschale schon am ersten Tag abgestreift hat. Schließlich erkennen sie jedoch die Leistungen der anderen Tiere an. Denn was für einen Frosch mutig ist, muss ja noch lange nicht für eine Schnecke mutig sein – und umgekehrt. Deshalb wird jede Mutprobe mit Applaus belohnt.

Nur der freche Spatz tanzt aus der Reihe. Er verkündet nämlich nach einem kurzen Zögern: »Ich mache nicht mit!« Nach einem Moment der Fassungslosigkeit erkennen die Freunde jedoch, dass der Spatz gerade wahren Mut bewiesen hat.

BILDERBUCHANALYSE 

Der Text

Die Geschichte ist in einer lebendigen Sprache erzählt, die den Leser oder Zuhörer schon auf der ersten Seite mitten in das Treffen von Maus, Schnecke, Frosch und Spatz hinein nimmt. Der Fabelcharakter, die alltagsnahe Sprache, bekannte Redewendungen und wörtliche Rede vermitteln das Gefühl, einen eigenen Platz in der Geschichte zu haben.

Auf der ersten Doppelseite 6/7 wird ein Eindruck zur Ausgangssituation der Geschichte vermittelt. Schon auf den Seiten 7/8 kann man direkt dem dialogischen Gespräch der Tiere beiwohnen. Dieser Wechsel aus personaler Erzählform und Dialogen zieht sich durch das gesamte Buch.

Das textliche Erscheinungsbild ist geprägt von strukturellen Analogien und Wiederholungen, die ebenfalls von der ersten bis zur letzten Seite des Buchs auftauchen und das Besondere des Erzählstils ausmachen. Die Analogien zeigen sich auf kleinster Ebene innerhalb einzelner Sätze. In stabreimartiger Form sind die Sätze ähnlich aufgebaut und von eingängigen Wiederholungen geprägt; z. B. Seite 6/7: »Die Maus ist da, weil …«, »Der Frosch ist da, weil …« oder Seite 28/29: »Endlich begreift die Maus. Dann begreift der Frosch. Schließlich begreift die Schnecke.«

Auf inhaltlicher Ebene sind die einzelnen Mutproben analog aufgebaut. Für jedes Tier werden folgende Phasen durchlaufen:

1. Das Tier präsentiert seine Idee.
2. Ein Tier ist von der Idee enttäuscht und begründet seine Meinung.

3. Das Tier mit der Mutprobe ist darüber beleidigt und verteidigt sich.
4. Das kritische Tier lenkt etwas ein.
5. Das Tier führt die Mutprobe aus.
6. Das kritische Tier ist überzeugt und begeistert.
7. Alle klatschen.

Durch die Analogien auf allen Ebenen wird Spannung erzeugt, die den Leser neugierig macht und die Frage aufwirft, ob es wohl bei allen Tieren so weiter geht.

Nun kommt der Spatz an die Reihe und sagt: »... ich mach nicht mit« (S. 25). Er scheint mit seiner völlig unerwarteten Entscheidung das Schema zu durchbrechen. Doch tut er das wirklich? Nein. Auch beim Spatz lässt sich das Schema der anderen Mutproben anwenden, denn auch hier erkennen die Tiere (auch wenn es etwas länger dauert), dass der Spatz Mut bewiesen hat. Die Aussagen zu den Phasen 1 bis 7 sind nur nicht ausschließlich im Text, sondern auch in den ausdrucksstarken Bildern abzulesen.

Die Bilder

Die Bilder zu »mutig, mutig« wurden von Kathrin Schärer mit einer Misch- und Collagetechnik aus Aquarellfarben und Pastellkreiden gestaltet. Die Illustrationen überzeugen durch Abwechslungsreichtum, Plastizität und Ausdrucksstärke. Vom Titelblatt über die Vorsatzseiten bis hin zu den eigentlichen Bilderbuchseiten wird der Bildbetrachter in eine Bildwelt mit Figuren entführt, die durch Charme und Niedlichkeit bestechen. In jeder Situation ist an ihnen die genaue Gefühlslage abzulesen. Dadurch wirken die Protagonisten authentisch, durchschaubar und bisweilen auch menschlich.

Die Illustrationen erstrecken sich über zwei Seiten und wirken dadurch teilweise wie Panoramabilder (z. B. S. 12/13). Trotzdem sind sehr unterschiedliche Bildformate erkennbar. Mehrfach erscheinen die Protagonisten freigestellt ohne Hintergrund, sodass sich der Betrachter auf deren Ausdruck und Körperhaltung konzentrieren kann (z. B. S. 8/9, 18/19 oder 26/27). Ein Eindruck von Bewegung entsteht, wenn die Tiere auf einer Seite wiederholt in verschiedenen Positionen abgebildet sind (z. B. S. 22/23 und 25). Durch Perspektivwechsel, unterschiedliche Größen und ausschnitthafte Darstellungen wird der Betrachter herausgefordert, sich immer wieder auf neue Bildsituationen einzulassen.

Bild-Text-Zusammenhang

Die Bild-Text-Interaktion wirkt in dem Buch sehr dynamisch. So stehen die beiden Komponenten nicht berührungslos nebeneinander, sondern verflechten und ergänzen sich auf vielfältige Weise. Vielfalt spiegelt sich bereits in der Anordnung von Text und Bild auf den Doppelseiten wider. Die Seiten 6/7 zeigen, wie sich der Text über das Bild legt und dadurch optisch kaum auffällt. Im Kontrast zu dieser Nähe stehen die Seiten 8/9. Hier sind die Bilder freigestellt am Bildrand, während der Text in der oberen Bildhälfte auf der zart getönten Seite steht. Nicht immer ist der Text bei dieser Präsentationsvariante in einem Block gedruckt. Teilweise wird er aufgelockert in der Nähe von einzelnen Illustrationselementen (z. B. S. 25) positioniert. Eine scharfe optische Grenze zum Bild wird beispielsweise auf den Seiten 10/11 gezogen. Die genannten Erscheinungsformen der Bild-Text-Anordnung werden ergänzt durch textfreie Seiten wie z. B. S. 12/13.

Inhaltlich stehen Bilder und Texte in einem sich gegenseitig bereichernden Dialog. Die Bilder der Vorsatzseiten spannen um den eigentlichen Bilderbuchteil eine Geschichte, die durch den Buchtitel bereits eine genauere Richtung bekommt. Innerhalb der Geschichte korrespondieren Texte und Bilder auf unterschiedliche Arten:

a) Bilder illustrieren Text
Hier sind sich Text und Bild sehr nahe. Die Bilder stellen in größerer Genauigkeit dar, was im Text beschrieben ist (Beispiel: S. 6/7).

b) Das Bild erzählt etwas, das der Text auslässt
Hier erfährt der Leser durch die Bildbetrachtung ein Stück Handlung der Geschichte, das nicht explizit in Worte gefasst ist (Beispiel: S. 12/13 oder S. 26/27).

c) Der Text erzählt etwas, das in Bildern nicht zu finden ist
Diese Interaktionsform ist das Gegenstück zu Variante b). Der Text weist also über die Bilder hinaus (Beispiel: S. 19 oder 23).

Die Anwendung aller drei Bild-Text-Interaktionsmöglichkeiten macht das Buch abwechslungsreich und regt zum Nachdenken an. Besonders nachhaltig im Gedächtnis bleiben so die Bilder, die mehr erzählen können als viele Worte, und die durchdachten Wortkompositionen, die viel Freiraum für eigene gedankliche Bilder lassen.

DEUTUNGSPERSPEKTIVEN

b.3

Schon der Buchtitel weist darauf hin, dass es um das große Thema Mut geht. Der erste Eindruck, man habe es mit einer klassischen Mutprobensituation zu tun, bei dem die Protagonisten ihre tollen Fähigkeiten unter Beweis stellen, wandelt sich spätestens, als der Spatz mit seiner Mutprobe an der Reihe ist. Hier wird das Konzept Mut neu gedacht, und es bedarf etwas gedanklicher Kreativität und sozialer Kompetenz, um auch im Handeln des Spatzes Mut zu erkennen. Dieser dramatische Wendepunkt in der Geschichte ist der kindlichen Lebenswelt besonders nah, da es nicht selten vorkommt, dass Kinder, die Ideen, Spiele und Aktionen der anderen nicht mitmachen, als Außenseiter abgestempelt werden. So bestärkt das Buch in dem Vorhaben, Mut auch im Nicht-Mitmachen zu erkennen. Dabei verstecken sich unter dem Deckmantel Mut auch Themen wie Zivilcourage und Selbstbewusstsein.

Nicht zuletzt geht es in dem Buch um Freundschaft, denn es wird vermittelt, dass man auch unter Freunden nicht alles mitmachen muss, was die anderen tun, um dazuzugehören.

Didaktische Überlegungen

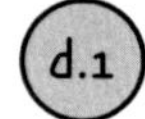

DIDAKTISCHES PROFIL DES BILDERBUCHS

Didaktisches Potenzial liegt in der Verknüpfung von vertrauten, assimilativen und eher neuen, akkomodativen Aspekten.* Bei »mutig, mutig« sorgen vertraute Charakteristika des Bilderbuchs dafür, dass die Kinder bzw. Schüler:innen von sich aus einen Zugang zum Buch finden können und dass Anknüpfungsmöglichkeiten für eine eigene Deutung vorhanden sind (Assimilation). Dieser Aspekt betrifft das lesefördernde Potenzial. Neue, zusätzliche Anforderungen, die das Buch an ein Verstehen der Kinder stellt, betreffen eher den Bereich des literarischen bzw. kunsttheoretischen Lernens. Im Überblick lässt sich das didaktische Profil folgendermaßen skizzieren:

* Vgl. Rank, Bernhard (2005): Leseförderung und literarisches Lernen. In: Lernchancen, 8. Jg., Heft 44, S. 4–9.

Dimension des Textes	Das Vertraute: Möglichkeit zur Assimilation (Leseförderung)	Das Neue: Notwendigkeit zur Akkomodation (literarisches Lernen)
Wirklichkeitsbezug	▶ Handlungsort Ufer eines Weihers ▶ Protagonisten mit menschlichen Eigenschaften und Problemen	▶ Protagonisten sind Tiere
Thematik	▶ Freundschaft ▶ Mutig sein	▶ Mögliche Konsequenzen von Mutproben ▶ Andere Formen des Mutigseins
Figuren	▶ Bekannte Tiere: Frosch, Maus, Schnecke, Spatz	▶ Tiere stehen mit ihren Eigenschaften für Kinder in analogen Situationen
Sprache/Stil	▶ Umgangssprachliche Elemente ▶ Wörtliche Rede	▶ Kunstvolle Analogien in der Sprache ▶ Sprachwitz ▶ Tierfabel
Bildebene/ Layout	▶ Ansprechende, realitätsnahe Darstellungen	▶ Ausdrucksstärke in Bezug auf Haltung, Gefühle, Positionen: Bilder erzählen mehr als der Text
Literarische Formelemente/ Erzählkonzept	▶ Wiederholungen ▶ Bilder und Text in engem Zusammenhang	▶ Parallelen zwischen den einzelnen Situationen ▶ Wiederholungen als Gestaltungselement ▶ Potenziale der Bild-Text-Interaktion

METHODENKISTE DEUTSCHUNTERRICHT

Der Einsatz von Bilderbüchern im Grundschulunterricht knüpft im günstigen Fall an die Vorerfahrungen der Kinder mit Bilderbüchern im Kindergarten und in der Familie an und führt diese differenziert weiter. Bilderbücher können in nahezu allen Arbeitsbereichen des Grundschulunterrichts eingesetzt werden: Erstlesen, weiterführendes Lesen, Sprechen und Hören, Schreiben, Bildende Kunst, Musik, Sachunterricht und im Fremdsprachenunterricht. Dabei eignen sich Bilderbücher gerade zum Einsatz in fächerübergreifenden Kontexten.

Im Folgenden sind Vorschläge für mögliche Arbeitsweisen mit »mutig, mutig« im Deutschunterricht aufgeführt. Im Vordergrund steht dabei die Verknüpfung mit anzustrebenden Kompetenzen, wie sie in den »Bildungsstandards im Fach Deutsch für den Primarbereich« zu finden sind. Zahlreiche methodische Möglichkeiten sprechen mehrere Bildungsstandards an. Zum Zwecke der Übersichtlichkeit wird jeweils ein Bildungsstandard des Bereichs 3.3 »Lesen – mit Texten und Medien umgehen« exemplarisch herausgegriffen. Häufig lassen sich auch evidente Bezüge zu den Bildungsstandards der anderen Bereiche herstellen. Darüber hinaus stehen die methodischen Möglichkeiten in Verbindung mit einem fächerübergreifenden Ansatz (v.a. mit dem Sach-, Kunst- und dem Ethik-/Religionsunterricht), der sich je nach Klassensituation, Vorwissen und Interessen der Schüler:innen modifizieren lässt.

Bildungsstandards	Methoden	Beispiele
→ Über Lesefähigkeit verfügen		
• Lebendige Vorstellungen beim Lesen und Hören literarischer Texte entwickeln	• Text ausdrucksstark vortragen, vortragen lassen	• Einzelne Mutproben nachspielen
		• Dem Spatz die Meinung sagen
		• Mutig-Rap
→ Über Leseerfahrungen verfügen		
• Kinderliteratur kennen: Werke, Autoren und Autorinnen, Figuren, Handlungen	• Zur Betrachtung des Bilderbuchs Fachbegriffe nutzen: Titel, Autor, Illustratorin, Verlag, Vorsatzseiten	• Fachbegriffe anhand des Buchs verwenden → **k.1**
	• Recherche zu Autor und Illustratorin	• Was finden die Kinder im Internet über Kathrin Schärer und Lorenz Pauli heraus?
	• Fabeln kennenlernen	• Fabeln anderer Autoren, z. B. Ramos, Fontane, Äsop
	• Geschichte antizipieren	• Betrachtung der Vorsatzseiten → **k.1**
→ Texte erschließen		
• Verfahren zur ersten Orientierung über einen Text nutzen	• Titelseite untersuchen	• Titel und Bild in Verbindung bringen
	• Strukturen im Aufbau erkennen	• Spannungsbogen finden • Analoger Aufbau der Mutproben
	• Bilder genau betrachten	• Was verraten Bilder über die Handlung, Gefühle etc.? → **k.1, k.5**
• Gezielt einzelne Informationen suchen	• Informationen aus Bildern ablesen	• Gefühle in Bildern erkennen → **k.5**
	• Fragen zum Text	• Wie kommt es zur Mutprobe? • Wie reagieren die Tiere auf die Mutproben?
• Texte genau lesen	• Merkmale und Textstellen zuordnen	• Eigenschaften den Tieren zuordnen → **k.3** • Teile der Mutproben sortieren → **k.7**
	• Aussagen verifizieren	• Richtige Aussagen ankreuzen → **k.6**
• Texte mit eigenen Worten wiedergeben	• Aus der Perspektive eines Protagonisten erzählen	• Interview mit dem Spatz → **k.6** • Brief an den Spatz
	• Inhalt von Textstellen mit eigenen Worten wiedergeben	• Über die Mutproben berichten

Bildungsstandards	Methoden	Beispiele
• Texte mit eigenen Worten wiedergeben (Forts.)	• Zu Bildern erzählen	• Bilder als Leitfaden für eine Nacherzählung nutzen
• Aussagen mit Textstellen belegen	• Fundstellen zu Fragestellungen angeben	• Wer ist über die Mutprobe der Schnecke enttäuscht? • Wie reagiert die Schnecke auf die Mutprobe vom Frosch? • Wer klatscht bei der Mutprobe der Maus?
• Eigene Gedanken zu Texten entwickeln	• Beziehung zu den Figuren aufbauen	• Mit wem möchtest du gerne befreundet sein? → **k.3** • Sich in die Gefühlswelt der Figuren hineinversetzen → **k.5**
	• Einen Brief an eine Figur schreiben	• Brief an den Spatz
	• Fragen zum Text entwickeln	• Interview mit dem Spatz → **k.6**
	• Text weiterschreiben	• Am nächsten Tag treffen sich die Tiere wieder. Was erleben sie diesmal?
• Bei der Beschäftigung mit literarischen Texten Sensibilität und Verständnis für Gedanken, Gefühle und zwischenmenschliche Beziehungen zeigen	• Handlungen der Figuren nachempfinden und bewerten	• Ausgewählte Szenen nachspielen • Warum machen die Tiere eine Mutprobe? • Warum stellen die Tiere andere Mutproben infrage? • Sich in die Motive des Spatzes hineinversetzen → **k.6** • Sich in die Reaktionen auf die Mutprobe des Spatzes hineinversetzen → **k.7**
	• Figuren charakterisieren	• Tiere genau beschreiben → **k.3**
• Handelnd mit Texten umgehen, z.B. illustrieren, inszenieren, umgestalten, collagieren	• Ein Rollenspiel gestalten	• Mutproben • Reaktion auf die Mutprobe des Spatzes
	• Geschichte als Schattenspiel aufführen	• Kulissen aus Pappe basteln, hinter beleuchtetem Bettlaken aufführen
	• Eine Szene künstlerisch gestalten	• Collage zum Weiher der Tiere anfertigen
	• Einen Comic entwerfen	• Ausgewählte Bilder als Kopie, Sprech- und Denkblasen dazu finden
	• Zeichnen wie die Illustratorin	• Ein Tier mit Zeichenkreide abzeichnen oder ein eigenes Tier entwerfen
	• Über die Tiere und den Lebensraum informieren	• Informationen zum Weiher sammeln → **k.2**
	• Perspektivwechsel	• Ein Storch beobachtet, was die Tiere machen. Was erzählt er?
	• Interviews führen	• Eltern oder andere Kinder zum Thema »Wann warst du mutig?« befragen
	• Ein Klassen-Mutig-Buch gestalten	• Mutige Situationen in der Klasse zusammentragen, aufschreiben, gestalten und zu einem Buch zusammenfassen
→ Texte präsentieren		
• Selbst gewählte Texte zum Vorlesen vorbereiten und sinngestaltend vorlesen	• Textstelle auswählen • Auswahl begründen • Textstelle alleine lesen und einem Partner vorlesen • Gegenseitig Rückmeldung geben	• Auswahlkriterien könnten sein: besonderer Bezug zum Tier, gute Idee für die Mutprobe, spannende Stelle, lustige Stelle
	• Geschichte vorspielen • Geschichte vorlesen	• Als Schattentheater • Als Theaterstück • Als Hörbuch

VORSCHLÄGE FÜR EINE »MUTIG, MUTIG«-EINHEIT d.3

Einstieg

Zu Beginn der Unterrichtseinheit zu »mutig, mutig« bieten die Vorsatzseiten (4/5) des Bilderbuchs ein großes Potenzial, um sich gemeinsam mit den Schüler:innen der Geschichte zu nähern. Es steht dabei die Frage im Raum: »Was erzählt euch das Bild?« Ziel der Frage ist es, über die Entdeckung des Abstandes zwischen den Tieren auf einen möglichen Hintergrund für die dargestellte Situation zu schließen. Unterstützend kann gezielt eine Frage nach der Anordnung der Figuren angeschlossen werden. Nachdem die Lehrkraft den Ausblick gibt, dass die Vorsatzseiten schon etwas über den Inhalt der Geschichte verraten, können die Kinder spekulieren, worum es in der Geschichte gehen könnte (ein Problem, einen Streit ...). Schließlich kann auch die hintere Vorsatzseite gezeigt werden – ein neuer Hinweis auf dem Weg zur Geschichte, die sich zwischen den Buchdeckeln versteckt. Schlagen die Schüler:innen das Thema Streit vor, kann nachgefragt werden, worüber man zwischen Freunden streiten könnte. Unterstützend kann in der Einstiegsphase die **k.1** genutzt werden.

Die Geschichte erarbeiten

a) Leben am Weiher (S. 6–9)
Zunächst kann darüber gesprochen werden, wie es überhaupt zu der Mutprobe gekommen ist.

Ein Thema, das sich weiterhin anbietet, ist der Handlungsort und zugleich Lebensraum der Tiere, der Weiher. Hier lässt sich eine Fächerverbindung zum Sachunterricht herstellen. Anregungen hierzu befinden sich auf **k.2** und **k.3**. Denkbar wäre auch eine kleine Exkursion zu einem nahegelegenen Weiher oder Teich.

b) Die Protagonisten (S. 8/9)
In diesem Abschnitt der Unterrichtseinheit wird über die handelnden Figuren gesprochen. Als Vorarbeit zur **k.4** ist eine kleine Gruppenarbeit möglich, in der die Tiere gezeichnet und mit einzelnen Wörtern beschrieben werden (innere und äußere Merkmale).

c) Die Mutproben (S. 10–23)
Hier kann an die Erfahrungswelt der Kinder angeknüpft werden, indem sie über ihre Erfahrungen mit Mutproben berichten. Um die Mutproben der Tiere nachzuempfinden, bieten sich kleine Spielszenen an. Hier können die Dialoge aus dem Bilderbuch genutzt werden. Weitere Anregungen bieten **k.5–k.11**.

d) Der Spatz macht nicht mit (S. 24–27)
An dieser Stelle ist es wichtig, dass die Schüler noch nicht auf die nachfolgende Buchseite schauen. Die rote Doppelseite mit den entsetzten Tieren kann vor den Schülern groß präsentiert werden. Welche Gefühle sind aus den Gesichtern ablesbar? Wie wirkt der rote Bildhintergrund? Und wie kann es nun weitergehen? Auch an dieser Stelle können die Kinder in die Rolle der Tiere schlüpfen. So könnte eine Aufforderung heißen: »Du bist der Frosch. Was sagst du zum Spatz?« Auch über ein Interview mit dem Spatz (**k.7**) können die Kinder versuchen, sich in die Situation des Spatzes hineinzuversetzen.

e) mutig, mutig (S. 28–31)
Am Ende des Buchs bietet sich eine allgemeine Reflexion zum Thema Mut an. Fragen dazu könnten sein: Wie fühlt man sich, wenn man mutig ist? Wie macht sich Mut bemerkbar? In welchen Situationen kann man Mut beweisen? Bei der letzten Frage können die Kinder angeregt werden, Mutsituationen zu finden, die der des Spatzes ähnlich sind, also eine Form von ideellem und nicht körperlichem Mut (z. B. jemanden von etwas Gefährlichem abbringen, bei einem Streit dazwischengehen, sich in spannenden, aber gefährlichen Situationen an Erwachsene wenden ...).

An vielen Stellen bietet es sich an, über das erzählerische Potenzial und die Gestaltungsmöglichkeiten der Bilder zu sprechen. Themen könnten sein:

- Wie werden in Bildern Gefühle deutlich?
- Wie sind Text und Bilder angeordnet?
- Warum gibt es bei manchen Bildern keinen Hintergrund?
- Welche Wirkung haben Farben? (z. B. S. 26/27)
- Wie wird in Bildern Bewegung erzeugt? (z. B. S. 12/13, 16, 22 [**k.6**], 25)

Auf den Kopiervorlagen werden folgende Symbole zur Verdeutlichung der Aufgabenstellungen verwendet:

 lesen
 malen
suchen
 ausschneiden
 schreiben
 erzählen

Infoblätter

i.1 LORENZ PAULI UND KATHRIN SCHÄRER

Lorenz Pauli wurde 1967 in Bern geboren und lebt auch heute mit seiner Frau und zwei Kindern in dieser Stadt. Zunächst absolvierte er eine Banklehre und ließ sich schließlich zum Kindergärtner ausbilden. Neben seiner Tätigkeit im Kindergarten reist er erfolgreich als Erzähler und begeistert kleine und große Zuhörer und Zuschauer mit seinem Einfallsreichtum. Außerdem widmet er sich intensiv der Schriftstellerei und konnte schon zahlreiche Bücher publizieren – auch in Berner Mundart.

Bilderbücher (Auswahl)

- **Nur wir alle.** Beltz & Gelberg, 2016.
- **3 freche Mäuse.** Atlantis, 2013.
- **Das Beste überhaupt. Meerschwein sein.** Atlantis, 2013.
- **Pippilothek???.** Atlantis, 2011.
- **Oma Emma Mama.** Atlantis, 2010.
- **Ich mit dir, du mit mir.** Atlantis, 2008.

Auszeichnungen (Auswahl)

2003 Ehrenurkunde des Österreichischen Staatspreises für Kinderlyrik
2012 Platz auf der IBBY-Honour-List für die Qualität seines Textes in »Oma Emma Mama«
2017 Schweizer Kinder- und Jugendmedienpreis für »Rigo und Rosa«
2021 Literaturpreis des Kantons Bern für »Der beste Notfall der Welt«

Homepage

www.mupf.ch/cv-lorenz-pauli.html

Kathrin Schärer wurde 1969 in Basel geboren und studierte an der dortigen Hochschule für Gestaltung im pädagogischen Studiengang Zeichnen und Werken. Heute unterrichtet sie an eine Sprachheilschule und arbeitet als Illustratorin. Dabei entstanden zahlreiche Einzelpublikationen und Gemeinschaftsarbeiten mit Lorenz Pauli. Ihre Werke wurden in viele andere Sprachen übersetzt.

Bilderbücher (Auswahl)

- **Hast du Angst?, fragte die Maus.** Beltz & Gelberg, 2013.
- **Es war einmal ein Igel.** Hanser, 2011.
- **Johanna im Zug.** Atlantis, 2009.
- **So war das! Nein, so! Nein, so!** Atlantis, 2007.
- **Wenn Fuchs und Hase sich Gute Nacht sagen.** Atlantis, 2004.

Auszeichnungen (Auswahl)

2010 Nominierung für den Deutschen Jugendliteraturpreis für »Johanna im Zug«
2012 Nominierung für den Hans Christian Andersen Preis
2014 Nominierung für das Gesamtwerk für den Astrid Lindgren Award
2017 Schweizer Kinder- und Jugendmedienpreis für »Rigo und Rosa«

Homepage

http://kathrinschaerer.ch

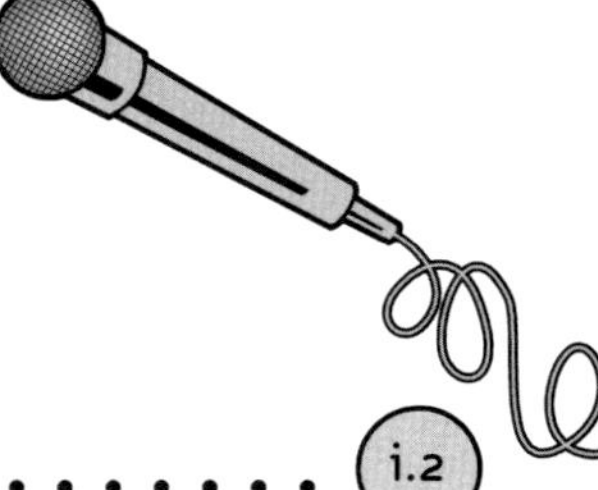

INTERVIEW MIT DEM AUTOR LORENZ PAULI: »ICH WOLLTE KEINE MORALGESCHICHTE MACHEN«

Lorenz Pauli über seine Zusammenarbeit mit Kathrin Schärer, darüber, wie »mutig, mutig« von der Bühne ins Buch kam, und über das Mutig-Sein

Wann und wie haben Sie begonnen, mit Kathrin Schärer zusammenzuarbeiten?

Unser erstes gemeinsames Projekt war »Wie weihnachtelt man?« Es wurde 2001 veröffentlicht. Damals hat der Sauerländer Verlag uns zusammengebracht.

Wie funktioniert es, ein Bilderbuch gemeinsam entstehen zu lassen?

Bei Kathrin Schärer und mir funktioniert es anders als bei anderen Bilderbuch-Menschen. Wir sind ein Team. Schon von Beginn des Entstehungsprozesses an. Ein Beispiel: Kathrin sagt: »Könntest du etwas zum Thema ›Verstecken‹ machen?« oder »Ich würde gern mal ein Buch mit Schweinen machen ...«, und oft fließt eine solche Anregung in die werdende Geschichte ein. Die Geschichten selber entstehen bei mir nicht immer gleich. Manchmal sind es besondere Situationen, Gespräche mit Kindern oder Mind-Maps, die mich zur Geschichte führen. Die Geschichte baue ich dann alleine. Ich arbeite recht oft für den Papierkorb. Bin ich aber mit der Geschichte zufrieden, so schicke ich sie Kathrin. Das sind bange Momente. Auf ihr Feedback kann ich mich verlassen. Sie sagt, wenn etwas sie nicht anspricht, packt weitere Anregungen in die Geschichte oder jubelt (ich hab das Glück, dass dies meist der Fall ist). Sie macht dann Skizzen. Wir kennen uns inzwischen so gut, dass ich beim Schreiben der Geschichte schon ihre fertigen Bilder vor meinem inneren Auge sehe. Bei den Skizzen bin ich dann derjenige, der kritisch Feedback gibt. Es ist sehr selten, dass Missverständnisse aufkommen. Aus Kathrins Skizzen kann ich auch schon sehr gut das fertige Bild ›herauslesen‹. Der Verlag kommt hier ins Spiel. Wir arbeiten meist mit Atlantis zusammen. Hans ten Doornkaat ist ein exquisiter Lektor, der nicht nur Texte, sondern auch Bilder lektorieren kann.

Sind die Bilder dann fertig, gehe ich noch einmal rigoros über den Text: Was kann ich weglassen, weil jetzt das Bild die Information vermittelt? Wo muss ich eine Spannung anders aufbauen, damit das Bild noch stärker wirkt? Welche Textportion kommt wohin?

Und bereits lange bevor das Buch dann fertig gedruckt vor uns liegt, taucht die nächste Idee auf: »Wär's nicht toll, das uralte Thema der Liebe mal neu anzugehen?«

Insgesamt: Wir nehmen nie ein Blatt vor den Mund, wenn wir unsere Arbeiten besprechen, haben aber eine anständige Sorgfalt im Umgang miteinander, und wir reden einander gnadenlos drein, obwohl wir wissen, dass wir selbst nicht leisten könnten, was wir vom Gegenüber wünschen.

Wie ist die Idee zu »mutig, mutig« entstanden?

Aus einfachen Gedankenspielen heraus. Ich wollte keine Moral-Geschichte machen. Die Aussage der Geschichte (es bedeutet Mut, sich der Dummheit zu verweigern) kam erst spät ins Buch. Anfangs war es eine Geschichte, die damit spielte, dass jede/jeder anders funktioniert, dass die Herausforderungen nicht für jede/jeden gleich sind.

Allerdings: Es war zur Zeit, als Amerika irgendwo zwischen Ölfeldern im Mittleren Osten einen Krieg anzettelte, und die anderen westlichen Staaten marschierten brav mit. Kaum ein Land sagte (wie der Spatz im Bilderbuch): »Ich mach nicht mit.« Das hat sicher hineingespielt in mein Gedankenspiel ...

Randbemerkung: Das Buch gibt's inzwischen fast rund um den Globus: Spanien, Holland, Saudi Arabien, Korea, China ... Bloß die Amerikaner wollen es nicht verlegen.

Wie lange hat es gedauert, bis das Buch fertig war?

Diese Geschichte brachte ich zuerst auf die Bühne. Dann erst zwischen Buchdeckel. Live hat sie gut funktioniert. Wir waren uns aber nicht sicher, ob sie auch als Buch standhält. Denn es braucht bei dieser Geschichte ein Gegenüber, das auf Fragen antwortet und zu einem Gespräch bereit ist.

Vom Entscheid, es zu drucken, bis zur Veröffentlichung dauerte es dann ca. ein Jahr.

Warum haben Sie sich gerade für diese Tiere entschieden und nicht beispielsweise einen Hasen oder Löwen?

Ich mag es, wenn ein Kind etwas wiedererkennen kann in seinem Alltag. Es müssen nicht immer Erdmännchen sein. Es ist eine alltägliche Geschichte (oder doch nicht?) mit alltäglichen Tieren.

In welche der Hauptfiguren würden Sie gerne einmal selbst hineinschlüpfen, um zu zeigen, wie mutig Sie sind?

Oh! Ich glaube, ich bin recht oft eine Schnecke, die gemütlich in ihrem Schneckenhaus lebt. Manchmal versuche ich, mein Schneckenhaus zu umrunden, aber bisher bin ich noch nie weit gekommen ...

Haben Sie Situationen erlebt, in denen Sie überhaupt nicht mutig waren?

Die gibt es oft. Am meisten ärgert es mich, wenn ich einen Entscheid aufschiebe, bis ich mich nicht mehr mutig entscheiden kann: »Ach, jetzt ist es sowieso zu spät dafür.«

Was ist Ihr Geheimrezept, um so mutig wie der Spatz zu werden?

Denken statt glauben.

Welche Erfahrungen machen Sie, wenn Sie das Buch vor einer Kindergruppe lesen?

Die Kinder sind im ersten Moment still, verwirrt. »Das ist doch nicht mutig!« Darauf reagiere ich mit Fragen. Dann kommt das Aha-Erlebnis.

Begreifen die Kinder das Ende so schnell wie die Maus?

Ja. Die Kinder begreifen den Gedanken mausschnell. Aber die Idee dann selber umzusetzen (ohne gleich bei allem zu sagen: ›Ich mach nicht mit!‹), das ist schwierig für alle. Kinder, Mäuse und Erwachsene.

Vielen Dank, Herr Pauli!

Interview: Sophie Moderegger und Regine Schäfer-Munro (November 2013)

INTERVIEW MIT DER ILLUSTRATORIN KATHRIN SCHÄRER: »ES IST NICHT EINFACH, NEIN ZU SAGEN«

i.3

Kathrin Schärer über ihre Zusammenarbeit mit Lorenz Pauli, ihre Arbeitstechniken und ihr Geheimrezept fürs Mutigsein

Wann und wie haben Sie begonnen, Texte von Lorenz Pauli zu illustrieren?

1998 habe ich ein Gedicht von Lorenz Pauli illustriert und ihn zuvor angerufen, ob ich das dürfe. Ich durfte – und daraus entstand eine langjährige Freundschaft und eine wunderschöne Zusammenarbeit.

Wie funktioniert es, ein Bilderbuch gemeinsam entstehen zu lassen?

Mit Lorenz funktioniert es anders als mit anderen Autoren.

Normalerweise bekomme ich einen fertigen Text angeboten, zeige dem Autor jeweils Skizzen, Storyboard und die farbige Ausführung.

Lorenz und ich entwickeln die Geschichten meist schon im voraus zusammen. Einer von beiden bringt ein Stichwort ein, und dann brainstormen wir bei einem Treffen oder via Mail oder Telefon. Von meiner Seite kommen Figurenwünsche, von Lorenz kommen Geschichte und Wortwitz. Bei der bildnerischen Umsetzung werde ich dann gleich von zwei Lektoren begleitet. Neben Lorenz und mir sitzt bei Pauli/Schärer-Projekten noch ein Dritter im Bund – unser Lektor Hans ten Doornkaat, der fast von Beginn an das Buchprojekt mitentwickelt. Lorenz hat die Geschichte im Auge, ich die Figuren, die jeweilige Doppelseite, Farbe und Bildkomposition und Hans alles zusammen inklusive Verlags- und Verkaufsaspekt.

Das funktioniert mittels vielen, vielen Mails – mit Skizzen und Bildern im Anhang, mit Telefonaten, und ab und zu treffen wir uns.

Ich bin froh um die Feedbacks der beiden und um den jeweils anderen Blickwinkel, da wir uns gut ergänzen.

Sie haben auch Bücher gestaltet, bei denen Text und Bild von Ihnen stammen. Hat es Vorteile, die Geschichte eines anderen Autors zu illustrieren?

Es hat Vor- und Nachteile.

Die Vorteile: Ich arbeite nur mit Autoren zusammen, deren Stil ich mag, und das sind dann oft Schreibweisen, die ich in dieser Art nicht zu Papier bringen könnte. Lorenz Paulis Wortwitz ist einmalig und ein Vergnügen für mich.

Nachteile: Ich kann nicht alles selbst bestimmen. Bei Lorenz habe ich zwar ein großes Mitspracherecht, aber bei eigenen Geschichten kann ich natürlich von A bis Z das schreiben, was ich gerne zeichne, und Bücher zu Themen machen, die mich persönlich interessieren.

Wie lange hat es gedauert, bis das Buch »mutig, mutig« fertig war?

Von der ersten Idee bis zum fertigen Buch etwa ein Jahr, meine konkrete gestalterische Arbeit dauerte ca. fünf Monate.

Sie beschreiben auf Ihrer Website verschiedene Techniken zur Gestaltung Ihrer Illustrationen. Welche kamen bei »mutig, mutig« zum Einsatz?

Vor allem die Grundiertechnik. Mit brauner Tusche wird die Fläche der Figur grundiert, dann färbe ich sie mit Farbstift und Ölkreiden ein. Den Hintergrund gestalte ich ebenfalls mit lasierender farbiger Tusche. Nur die Seite mit den drei Glotzköpfen vor rotem Hintergrund ist in Collagetechnik gestaltet, d.h. ich zeichne die Figuren auf braunes Zeichenpapier, befarbstifte sie, ziehe sie auf eine hauchdünne Klebefolie auf und schneide sie mit dem Skalpell aus. Danach werden sie auf den Hintergrund geklebt.

In welche der Hauptfiguren würden Sie gerne einmal selbst hineinschlüpfen, um zu zeigen, wie mutig Sie sind?

In den Spatz. Es ist nicht einfach, nein zu sagen. Zum Beispiel sitze ich im Moment gerade an einem Interview, obwohl mir eigentlich die Zeit dazu fehlt …

Haben Sie Situationen erlebt, in denen Sie überhaupt nicht mutig waren?

Ja, oft, aber so richtig merkt man so etwas erst im Nachhinein.

Was ist Ihr Geheimrezept, um so mutig wie der Spatz zu werden?

Dazu braucht es ein gesundes Selbstbewusstsein, den Mut, sich selbst treu zu bleiben und authentisch zu sein. Und man sollte eine Portion Disharmonie ertragen können, denn man kann nicht allen Ansprüchen gerecht werden. Oft braucht es ein: »Ich mach nicht mit!«

Woran arbeiten Sie im Moment?

Am aktuellen Projekt mit Lorenz Pauli – einer Liebesgeschichte.

Vielen Dank, Frau Schärer!

Interview: Sophie Moderegger und Regine Schäfer-Munro (November 2013)

Zwischen Buchdeckeln

1. Was können wir auf einer Titelseite finden?

a) Sprecht über folgende Begriffe und sucht sie auf der Titelseite:

Autor	Illustratorin	Titelbild	Titel	Verlag

b) Die Titelseite verrät dir schon etwas über die Geschichte. Betrachte sie genau und erzähle. Welche Tiere siehst du auf dem Bild? Schreibe auf.

______________________ ______________________

______________________ ______________________

Für Spürnasen: Findest du heraus, was die Tiere gerade tun?

2. Schau dir die Seiten vor und nach der Geschichte genau an.

Was verändert sich auf den Bildern?

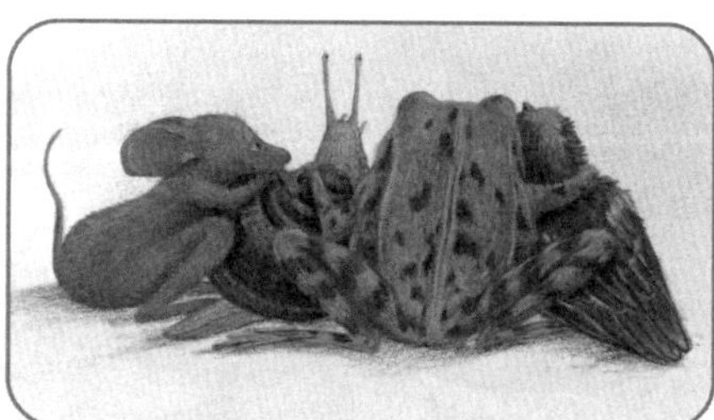

____

____

Das Leben am Weiher

1. Bestimmt hast du schon herausgefunden, dass Maus, Schnecke, Frosch und Spatz an einem Weiher leben. Doch was ist ein Weiher? Lies die Sätze. Kreuze die Merkmale an.

- ☐ Ein Weiher ist ein fließendes Gewässer.
- ☐ Ein Weiher ist ein Stillgewässer.
- ☐ Weiher sind recht flach.
- ☐ Ein Weiher ist sehr tief.
- ☐ Im Weiher kann das Licht bis auf den Grund scheinen.
- ☐ Weiher werden vom Menschen angelegt.
- ☐ Weiher sind natürliche Gewässer.
- ☐ Weiher haben einen Zu- und Abfluss.
- ☐ Weiher haben keinen Zu- und Abfluss.

2. Du bist ein Forscher und möchtest herausfinden, was und wer in dem Buch »mutig, mutig« alles am und im Weiher lebt.

a) Zeichne in das Schaubild vom Weiher ein, was du am Ufer und im Wasser entdeckt hast.

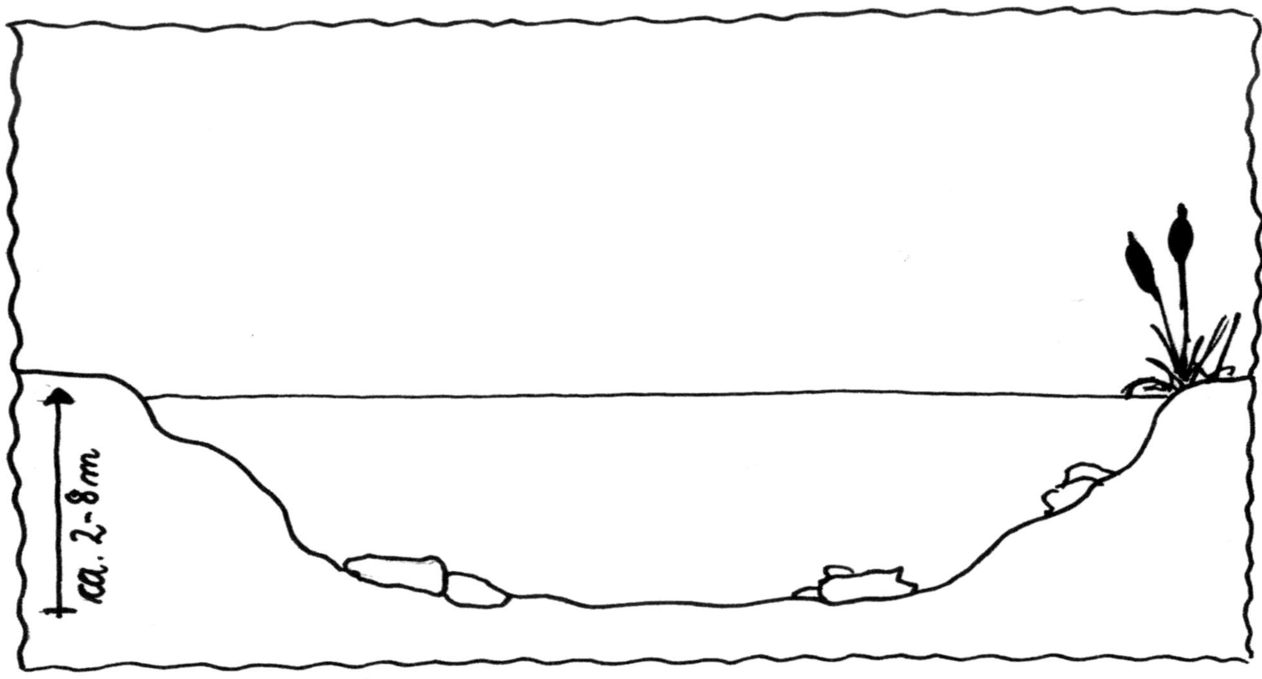

b) **Für Spürnasen:** Arbeite mit einem Bestimmungsbuch. Welche Tiere und Pflanzen kannst du bestimmen?

Wer lebt am Wasser?

1. Lies die Infotexte über die Tiere.

a) Findest du heraus, um welche Tiere es sich handelt? Schreibe den Namen der Tierart auf die Linie oben im Kästchen.

b) Unterstreiche mit Lineal Informationen, die neu für dich sind.

Info ______

☐ können in salzigem Wasser (Meer) oder süßem Wasser (See, Teich, Fluss) leben. Um im Wasser schwimmen zu können, haben sie eine besondere, ovale Körperform und Flossen, mit denen sie sich fortbewegen können. Im Bauch haben die meisten ☐ eine Schwimmblase, die mit Luft gefüllt ist. Ohne diese Blase wären sie so schwer, dass sie zu Boden sinken würden. ☐ können unter Wasser atmen. Sie haben dazu Kiemen, die den Sauerstoff aus dem Wasser filtern. Manche ☐ fressen Algen und Wasserpflanzen, manche fressen andere Wassertiere.

Info ______

☐ sind Weichtiere, denn sie haben keine Knochen. Wenn eine ☐ kriecht, zieht sie ihre Muskeln zusammen. Der Körper sieht dann am Rand wellig aus. Auf dem Boden kann man an der Schleimspur schnell erkennen, wo eine ☐ entlang gekrochen ist. Der Schleim schützt das Tier vor spitzen Dingen auf dem Boden. Die Fühler nutzt es, um sich unterwegs zurechtzufinden. Das ☐haus schützt den feuchten Körper vor dem Austrocknen. Am liebsten fressen ☐ Gräser, Blätter und Salat.

Info ______

Die bekannteste Art auf unseren Gewässern heißt Stock☐. Die männlichen ☐ mit den grünen Köpfen nennt man Erpel. ☐ haben Füße mit Schwimmhäuten, um sich im Wasser fortzubewegen. In ihrem Gefieder verteilen sie mit dem Schnabel immer wieder Fett, damit die Federn kein Wasser durchlassen. So bleiben sie über Wasser und frieren nicht. Am liebsten fressen sie kleine Wasserpflanzen und Wassertiere.

Info ______

☐ leben im Wasser und an Land. Sie können ihre Körperwärme an die Umgebung anpassen. Wenn es warm ist, bewegen sie sich viel, im Kalten werden sie sehr ruhig. ☐ kann man oft schon von Weitem an ihrem Quaken hören. Am Kopf haben sie eine oder zwei große Schallblasen, die die Töne laut werden lassen. Sie fressen gerne Insekten und Würmer. Mit ihrer langen Zunge fangen sie ihr Futter ein.

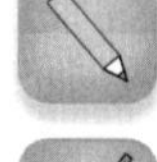

2. **Für Spürnasen:** Wähle ein anderes Tier aus und schreibe auf ein Blatt einen Infotext darüber. Du kannst auch ein Bild dazu malen.

Tipp Ihr könnt als Klasse ein Tierlexikon anlegen, in dem ihr eure Texte sammelt.

Wer bin ich?

1. Die vier Freunde Maus, Schnecke, Frosch und Spatz haben im Buch Eigenschaften, an denen wir sie erkennen können.

Verbinde die Eigenschaften mit dem richtigen Tier.

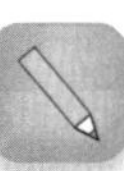

2. Mit welchem Tier möchtest du gerne befreundet sein? Zeichne und beschreibe deinen Tierfreund.

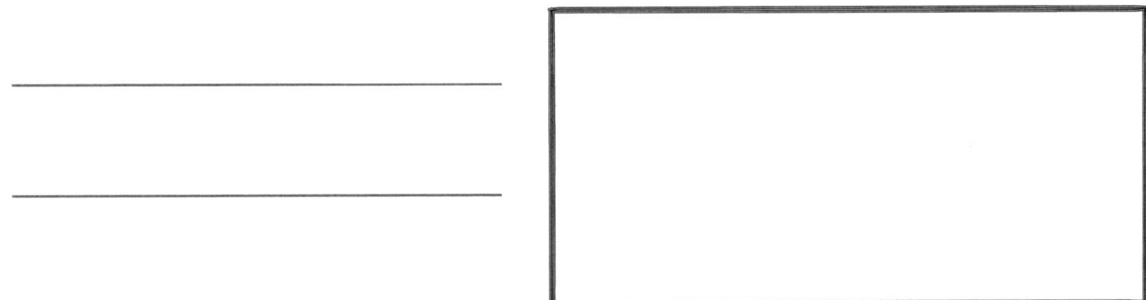

3. **Für Spürnasen:** Du bist ein Tier und wohnst auch am Weiher. Welches Tier bist du? Fertige auf einem Blatt einen Steckbrief von dir an.

Diese Merkmale kannst du beschreiben:
Augen • Nase • Mund • Haut/Fell • Farbe • Eigenschaften

„Wir machen einen Wettkampf“

1. Die Tiere überlegen, was sie bei der Mutprobe tun wollen. Schreibe oder zeichne ihre Ideen in die Gedankenblasen.

2. Hast du noch andere Ideen für eine Mutprobe für Spatz, Frosch, Schnecke und Maus? Schreibe oder zeichne auf ein Blatt Papier.

3. Hast du schon einmal bei einer Mutprobe mitgemacht? Welche Meinung hast du zu Mutproben?

Bei meiner Mutprobe musste ich

___

Ich finde, dass Mutproben

___

„Jetzt ist die Schnecke dran"

1. Schau dir das Bild auf Seite 20/21 ganz genau an. Was verrät dir das Bild über die Gefühle der Tiere?

Tier	So könnte sich das Tier fühlen
Maus	
Frosch	
Schnecke	
Spatz	

2. Hast du ganz genau gelesen? Kreuze an, ob die Sätze richtig sind oder nicht.

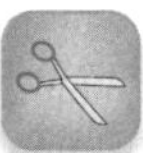

	Ja	Nein
Die Schnecke will über ihr Haus kriechen.	☐	☐
Der Spatz ist enttäuscht.	☐	☐
Der Frosch beruhigt die Maus.	☐	☐
Das Haus sitzt wieder wie vorher.	☐	☐

3. Überlege mit einem Partner: Warum ist die Schnecke auf Seite 22/23 insgesamt 10-mal abgebildet?

Für Spürnasen: Wenn du die Schneckenbilder kopierst, rechteckig ausschneidest und am linken Rand zusammenklebst, dann kannst du dir ein kleines Daumenkino basteln!

„Der Spatz trippelt hin und her“

1. Der Spatz hat ein wichtiges Interview! Vor Aufregung hat er seine Antworten vergessen. Kannst du ihm helfen?

Schreibe deine Ideen in die Sprechblasen.

[1] Warum haben Sie sich entschieden, bei der Mutprobe nicht mitzumachen?

[2] Wie haben Ihre Freunde darauf reagiert?

[3] Wie haben Sie sich bei Ihrer Entscheidung gefühlt?

[4] Welche der anderen Mutproben fanden Sie am besten?

[1]

[2]

[3]

[4]

2. Hast du auch noch Fragen an Herrn Spatz?

a) Notiere sie in dein Heft oder auf ein Blatt.

b) Stelle die Fragen einem Mitschüler oder einer Mitschülerin. Er bzw. sie soll sich für Herrn Spatz eine Antwort überlegen!

„Und alle sind gespannt“

1. Schau genau in den Text! Welches Kästchen gehört zu welcher Mutprobe? Färbe die Kästchen in den richtigen Farben: Mutprobe der Maus: rot, des Froschs: grün, der Schnecke: gelb.

Ich fresse eine ganze große Seerose.	Das hat nichts zu tun mit Mut! Das ist doch ein Vergnügen!	Alle klatschen in die Flügel, Schwimmhäute und Pfoten.
Ich tauche bis zum anderen Ufer und zurück.	Ich habe meine Eierschale schon am ersten Tag abgestreift.	Du bist eine tolle Taucherin.
Ich werde um mein Schneckenhaus herumkriechen.	Das ist doch überhaupt nicht mutig! Ich fresse täglich Grünzeug!	

2. Und der Spatz, der traut sich was! Er macht einfach nicht mit. Auf Seite 26/27 siehst du, wie es seinen Freunden die Sprache verschlägt. Was geht ihnen in dieser Situation durch den Kopf?

Schreibe in die Denkblasen.

„Weil sie nicht wusste, wohin sie sonst gehen sollte“

1. Weißt du noch, wie es überhaupt zu der Mutprobe gekommen war? Schau noch einmal am Anfang nach und erzähle.

2. Was machst du mit deinen Freundinnen und Freunden, wenn es euch langweilig ist? Schreibe drei Dinge auf. Erzähle dann einem Partnerkind.

3. Damit sie am nächsten Tag nicht wieder die gleiche Idee bekommen, überlegen die Tiere, was sie morgen unternehmen oder anstellen könnten. Hilf ihnen beim Ideensammeln!

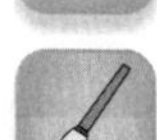

4. **Für Spürnasen:** Wähle eine der Ideen aus und schreibe eine Fortsetzung der Geschichte. Du kannst auch ein Bild oder mehrere Bilder dazu malen.

Ihr könnt die Aufgabe auch zu zweit bearbeiten.

Die Maus ist beleidigt

1. Nicht nur mit Worten können wir ausdrücken, was wir fühlen, sondern auch mit unserem Körper. Was verrät die Körpersprache der Tiere? Verbinde die Bilder mit den passenden Wörtern.

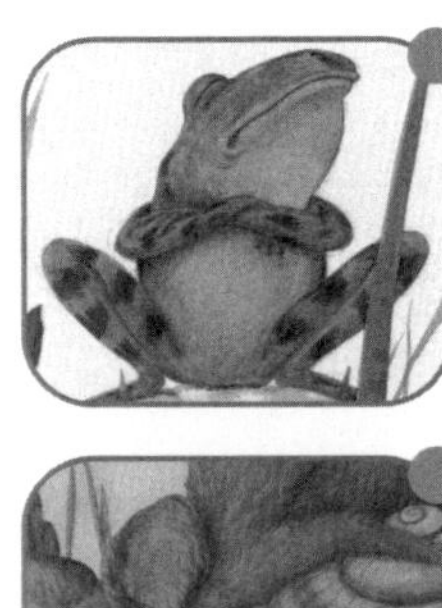

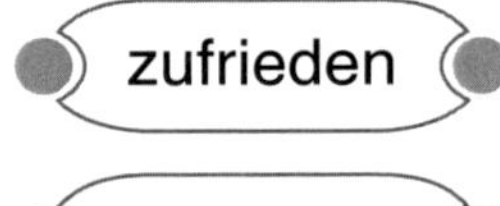
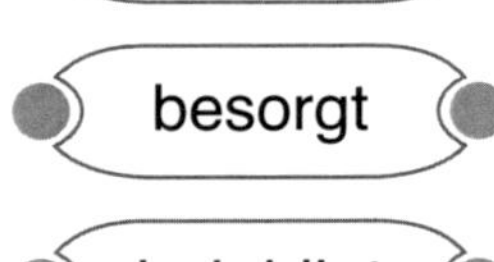

begeistert

verlegen

zufrieden

entsetzt

besorgt

beleidigt

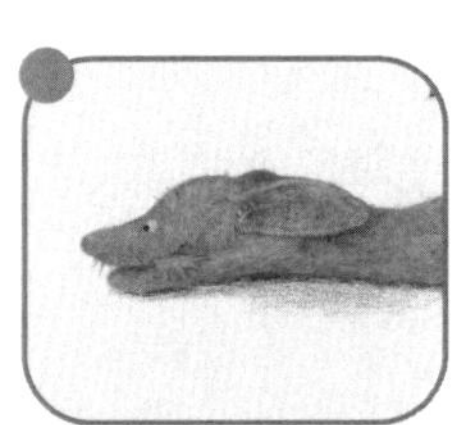

2. Spiele mit deiner Partnerin oder deinem Partner Pantomime und versuche, Gefühle auszudrücken. Könnt ihr das Gefühl erraten?

3. Kennst du diese Wörter?
Finde mit deinem Partnerkind ein anderes Wort dafür. Schreibe das Wort auf.

ein Vergnügen ______________________________

würgen ______________________________

trippeln ______________________________

4. **Für Spürnasen:** Der Frosch sagt auf Seite 17: „Ich fresse keine mickrige Mücke und keine flinke Fliege“. Was fällt dir bei den unterstrichenen Wörtern auf? Das nennt man „Alliteration“. Finde weitere Alliterationen zu Tieren und schreibe sie auf.

Beispiel: der f____________________ Frosch

Schau genau

1. Findest du die Bilder, die zu den Beschreibungen passen?
Schreibe die passenden Seitenzahlen in die Kästchen.

a) Auf diesem Bild kann man die Schallblasen des Frosches sehen. ☐

b) Der Frosch hält ein Seerosenblatt wie einen Schirm über sich. ☐

c) Viele Fische schwimmen im Weiher. ☐

d) Der Frosch zieht die Maus aus dem Wasser. ☐

e) Der Frosch sitzt auf einem Seerosenblatt. ☐

2. Schreibe selbst eine Beschreibung auf und schau, ob ein anderes Kind die richtige Seite findet.

____

____

3. Welches ist dein Lieblingsbild im Buch? Male es in den Kasten ab.

Schongutschongut

1. Lies den Treppensatz.

Die Maus,
Die Maus, die Schnecke,
Die Maus, die Schnecke, der Frosch
Die Maus, die Schnecke, der Frosch und der Spatz
Die Maus, die Schnecke, der Frosch und der Spatz sitzen
Die Maus, die Schnecke, der Frosch und der Spatz sitzen am Ufer
Die Maus, die Schnecke, der Frosch und der Spatz sitzen am Ufer des Weihers.

Für Spürnasen: Schreibe selbst einen Treppensatz.

2. Lies die Schlangensätze.

a) Trenne die Wörter.

b) Schreibe die Sätze in dein Heft. Achte auf die Groß- und Kleinschreibung.

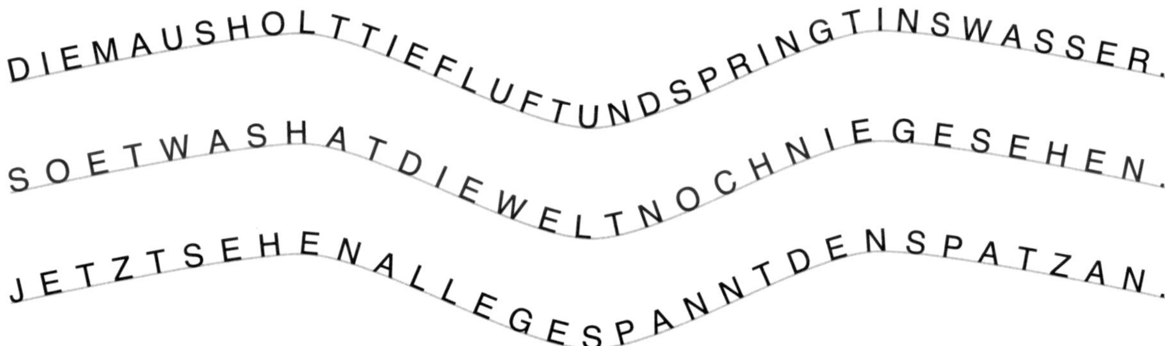

Für Spürnasen: Auf welcher Seite stehen diese Sätze?

3. Achtung: Stolperwörter – immer ein Wort ist zu viel.
Lies die Sätze und streiche das überflüssige Wort durch.

a) Die langweilig Tiere sitzen am Ufer des Weihers.

b) Sie wollen einen Welt Wettkampf machen.

c) Die Maus will unter durch den Weiher und zurück tauchen.

d) Der Frosch frisst eine ganze Seerose Futter.

e) Ein die Schnecke kriecht um ihr Schneckenhaus herum.

f) Nur der Spatz will macht nicht mit.

Lösungen und Lösungsvorschläge

1. b) ein Spatz, ein Frosch, eine Maus, eine Schnecke

2. Zuerst sind die Tiere alleine und sehen traurig oder nachdenklich aus. Dann sitzen sie zusammen und umarmen sich.

1. a) Ein Weiher ist ein Stillgewässer. – Weiher sind recht flach. – Weiher sind natürliche Gewässer. – Weiher haben keinen Zu- und Abfluss.

2. a) Pflanzen und Tiere, die auf S. 6/7, 10, 12/13 abgebildet sind: Seerose, Teichrose, Algen, Fische, Wasserschnecke, Molch, Libellenlarven, Wasserläufer, Wasserlinsen, Wasserhahnenfuß, Rohrkolben, Schilfrohr

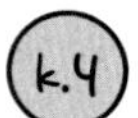

1. **Maus:** flink
Schnecke: langsam, ängstlich
Frosch: einfallsreich, hilfsbereit, frech
Spatz: neugierig, mutig

1. **Spatz:** nicht mitmachen
Maus: bis zum anderen Ufer und zurück tauchen, ohne aufzutauchen
Frosch: eine ganze große Seerose fressen
Schnecke: um das eigene Haus herum kriechen

K.6

1. **Maus:** besorgt
Frosch: traurig/enttäuscht
Schnecke: beleidigt
Spatz: neugierig

2. Ja, Die Schnecke will über ihr Haus kriechen. – Nein, Der Spatz ist enttäuscht. – Ja, Der Frosch beruhigt die Maus. – Nein, Das Haus sitzt wieder wie vorher.

1. Mögliche Antworten:
1 – Ich mag Mutproben nicht. / Ich muss nichts beweisen. / Ich hatte Angst.
2 – Zuerst waren sie überrascht und ein wenig enttäuscht.
3 – Ich war erleichtert. / froh.
4 – Die der Maus, weil sie so lange tauchen konnte.

1. **Maus:** Ich tauche bis zum anderen Ufer und zurück. – Das hat nichts zu tun mit Mut! Das ist doch ein Vergnügen! – Du bist eine tolle Taucherin.
Frosch: Ich fresse eine ganze große Seerose. – Das ist doch überhaupt nicht mutig! Ich fresse täglich Grünzeug!
Schnecke: Ich werde um mein Schneckenhaus herumkriechen. – Ich habe meine Eierschale schon am ersten Tag abgestreift. – So etwas hat die Welt noch nie gesehen!
Alle: Alle klatschen in die Flügel, Schwimmhäute und Pfoten.

2. Mögliche Antworten: Waaas? – So ein Feigling! – Der traut sich was. – Das ist unfair.

1. beleidigt – Frosch, besorgt – Maus, begeistert – Spatz und Schnecke, zufrieden – Maus, entsetzt – Maus, verlegen – Spatz

3. ein Vergnügen – etwas, das Spaß macht; würgen – nicht gut schlucken können; trippeln – auf Zehenspitzen gehen, kleine Schritte machen

4. der flinke/fabelhafte/fiese/fette/friedliche/freundliche/fürchterliche/freche Frosch, die schleimige/schnelle/schreckliche/schlanke/schlaue Schnecke, die mutige/mächtige/mickrige/motivierte/mürrische Maus, der sportliche/sprachlose/sprunghafte/spanische Spatz

1. a) S. 28, b) S. 23, c) S. 12/13, d) S. 14/15, e) S. 20